29 mai 1852.

CATALOGUE

DE LA COLLECTION

DE

TABLEAUX

MODERNES ET ANCIENS,

Composant le Cabinet de M. COLLOT,

DONT LA VENTE AURA LIEU

LE SAMEDI **29 MAI 1852**, A UNE HEURE,

HOTEL DES VENTES MOBILIÈRES,

RUE DES JEUNEURS, N° 42,

Salle n. 1,

Par le ministère de M° **RIDEL**, Commissaire-Priseur,
rue Saint-Honoré, 335,

Assisté de M. **SCHROTH**, Appréciateur, rue des Orties
Saint-Honoré, 9.

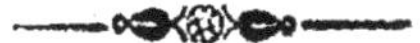

EXPOSITION PUBLIQUE

LE VENDREDI **28 MAI 1852**, DE MIDI A CINQ HEURES.

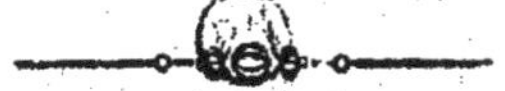

PARIS

IMPRIMERIE ET LITHOGRAPHIE DE MAULDE ET RENOU,
Rue des Fossés-Saint-Germain-l'Auxerrois 14.

1852

CONDITIONS DE LA VENTE.

Elle sera faite au comptant.

Les acquéreurs paieront, en sus des adjudications, cinq pour cent applicables aux frais.

LE PRÉSENT CATALOGUE SE DISTRIBUE

Chez MM.	RIDEL, Commissaire-Priseur, rue St-Honoré, 335. SCHROTH, rue des Orties St-Honoré, 9.
A BRUXELLES.	Etienne LEROY. GÉRUZET.
A AMSTERDAM.	DEVRIES. BRONDGEEST.
A LA HAYE.	VAN GOGH. WEIMART.
A ROTTERDAM.	LAMME et SCHUTZE VAN HAUTEN.
A LONDRES.	FARRR.

AVANT-PROPOS.

Tout ce qu'il y a de connaisseurs à Paris ont admiré la Galerie de Tableaux modernes de M. COLLOT. Il a fallu un coup-d'œil prompt, un goût sûr, et plusieurs années de recherches persévérantes, pour réunir dans cette collection les noms les plus illustres de notre École française : MM. Ingres, Decamps, Roqueplan, Dupré, E. Delacroix, Bonington, Th. Rousseau, Ph. Rousseau, Cabat, Géricault, Corot, Diaz, Tassaert, Troyon, etc., y son bien réellement représentés.

Non-seulement M. COLLOT possède plusieurs chefs-d'œuvre de ces illustres artistes, mais encore avec ce tact qu'aucun amateur ne songe à lui disputer, il a su choisir, parmi toutes les œuvres des maîtres, celles qui étaient l'expression la plus vraie de leurs talents, qui résumaient le mieux leurs brillantes qualités.

Deux tableaux de M. Ingres forment du reste la démonstration pratique de ce qui précède et viennent traduire admirablement les hautes qualités de ce maître, dont les œuvres si rares et si estimées, paraissent pour la première fois dans une vente publique.

Les œuvres des maîtres anciens sont d'un ordre supérieur; ceci explique pourquoi ils sont si peu nombreux. Au milieu des Ruysdaël, Watteau, Van der Neer, Chardin, Huysmans, Pater, etc., etc., tout le monde remarquera la délicieuse toile de Greuze représentant *la Surprise*, toile bien connue du reste de tous les amateurs.

Mais pourquoi poursuivre ces considérations ! elles deviennent inutiles en présence du catalogue de M. COLLOT. Les noms des peintres qui y figurent ne parlent-ils pas assez d'eux-mêmes ?

DÉSIGNATION

DES TABLEAUX

TABLEAUX MODERNES.

N° 1.

BONINGTON (R. P.)

4100 Paysage avec figures.

Toile. — Haut. 51 c. Larg. 69 c.

N° 2.

BONINGTON (R. P.)

1060 Marine.

Toile. — Haut. 38 c. 1/2. Larg. 50 c. 1/2

ce tableau a été lithog. par Durand Brager dans
l'album de Campagne

N° 3.

—

BONINGTON (R. P.)

1900

Plage.

Toile. — Haut. 33 c. Larg. 44 c. 1/2

N° 4.

—

BONINGTON (R. P.)

880

Scène vénitienne.

Aquarelle. — Haut. 16 c. 1/2. Larg. 11 c.

N° 5.

—

BARYE.

60

Lion dans le désert.

Aquarelle. — Haut. 22 c. Larg. 31.

N° 6.

—

CABAT.

720 Paysage et figures.

Toile. — Haut. 39 c. 1/2. Larg. 57 c. 1/2.

N° 7.

—

CABAT.

3000 Le Buisson.

Toile. — Haut. 39 c. 1/2. Larg. 57 c. 1/2.

N° 8.

—

COROT.

550 Paysage; effet du soir.

Toile. — Haut. 72 c. Larg. 52 c.

N° 9.

—

DELACROIX (Eugène).

1600

Combat du Giaour.

Toile. — Haut. 73 c. Larg. 51 c.

N° 10.

—

DELACROIX (Eugène).

4750

Mort de Valentin. (Goëthe).

ce tableau a été litho par Mouilleron
Dans les artistes Toile. — Haut. 82 c. Larg. 65 c. *anciens et Modernes N° 3.*
et exposé au Salon de 1848.

N° 11.

—

DELACROIX (Eugène).

2900 Enlèvement de Rebecca (Walter Scott).

Salon de 1846.

Toile. — Haut. 1 c. Larg. 81 c.

gravé dans l'artiste par Edmond Hédouin

N° 12.

—

DELACROIX (Eugène).

2940

Marguerite à l'église. (Gœthe.)

Toile. — Haut. 55 c. Larg. 45 c.

N° 13.

—

DELACROIX (Eugène).

86

Un Grec.

Toile. — Haut. 33 c. Larg. 24 c. 1/2.

N° 14.

—

DECAMPS.

9000

Le Philosophe dans son cabinet.

*Ce tableau a été lith.
par Sauren dans les
artistes anciens et
Modernes N°.*

Toile. — Haut. 22 c. Larg. 28 c.

N° 15.

DECAMPS.

Paysage et Chasse.

Toile. — Haut. 25 c. Larg. 18 c.

N° 16.

DECAMPS.

Paysage d'Orient.

Toile. — Haut. 31 c. Larg. 42.

N° 17.

DECAMPS.

Arméniens au repos.

Toile. — Haut. 22 c. Larg. 27 c.

N° 18.

—

DECAMPS.

1200 Pâtre italien. *Me Didin*

Toile. — Haut. 35 c. Larg. 41 c.

N° 19.

—

DIAZ.

2600 Intérieur de forêt à Fontainebleau. *Me Morny*

Bois. — Haut. 58 c. Larg. 60 c.

N° 20.

—

DIAZ.

200 Paysage avec Femme assise près d'un rocher.

Bois. — Haut. 20 c. Larg. 17 c.

N° 21.

—

DJAZ.

1140 Jeune fille assise sur un tertre, vue de dos.

Bois. — Haut. 29 c. 1/2. Larg. 25 c.

N° 22.

—

DIAZ.

289 Femmes endormies surprises par des Amours, effet de lune.

Bois. — Haut. 58 c. Larg. 59 c. 1/2.

N° 23.

—

DIAZ.

1350 Jeunes Enfants agaçant des Chiens.

Bois. — Haut. 24 c. 1/2. Larg. 33 c.

N° 24.

—

DIAZ.

f 20 Le Repentir.

Bois. — Haut. 17 c. 1/2. Larg. 15 c. 1/2.

N° 25.

—

DIAZ.

10 60 Odalisques.

Bois. — Haut. 32 c. 1/2. Larg. 25 c.

N° 26.

—

DIAZ.

8 60 Jupiter et Léda.

Toile. — Haut. 43 c. Larg. 28 c.

N° 27.

—

DIAZ.

foo   **Bohémiens.**

Toile. — Haut. 37 c. Larg. 21 c.

N° 28.

—

DIAZ.

70f   **Chiens de chasse.**

Bois. — Haut. 24. Larg. 32 c. 1/2.

N° 29.

—

DIAZ.

92   **Intérieur de forêt. Esquisse.**

Toile. — Haut. 30 c. Larg. 54 c. 1/2.

N° 30.

DUPRÉ (Jules).

2290

La Mare.

Toile. — Haut. 28 c. 1/2. Larg. 44 c.

N° 31.

DUPRÉ (Jules).

940

Paysage avec Bestiaux au pâturage.

Toile. — Haut. 28 c. Larg. 48 c.

N° 32.

DUPRÉ (Jules).

240

Prairie.

Toile. — Haut. 20 c. Larg. 38 c.

N° 33.

DUPRÉ (JULES).

1070

Paysage, Saules.

Toile. — Haut. 26 c. Larg. 30 c.

N° 34.

DUPRÉ (JULES).

600

Paysage ; Groupe d'arbres.

Toile. — Haut. 45 c. 1/2. Larg. 58 c.

N° 35.

DUPRÉ (JULES).

2000

Paysage ; la Ferme.

Toile. — Haut. 26 c. 1/2. Larg. 44 c. 1/2

N° 36.

GÉRICAULT.

1190

La Malle-Poste.

Bois. — Haut. 53 Larg. 64 c 1/2 c

N° 37.

GÉRICAULT.

1800

Le Cuirassier. Esquisse du tableau du Louvre.

Toile. — Haut. 55 c. Larg. 46 c.

N° 38.

GÉRICAULT.

430

Étude d'un cheval Isabelle.

Toile. — Haut. 69 c. 1/2. Larg. 49 c. 1/2.

N° 39.

—

GÉRICAULT.

Lancier de la Garde Impériale.

Toile. — Haut. 49 c. 1/2. Larg. 32 c. 1/2.

N° 40.

—

GÉRICAULT.

Chevaux gris-pomelé.

Toile. — Haut. 29 c. Larg. 33 c.

N 41.

—

GREUZE (J.-B).

La Surprise.

Toile. — Haut. 1 m. 30 c. Larg. 97 c.

N° 42.

HOGUET.

201   Le Moulin.

Toile. — Haut. 31 c. 1/2. Larg. 46 c.

N° 43.

HOGUET.

110   Nature morte.

!Bois. — Haut. 33 c. Larg. 50 c.

N° 44.

JOLIVART.

90   Moulin à Eau et Bestiaux près d'une rivière.

Toile. — Haut. 43 c. 1/2. Larg. 65 c.

N° 45.

INGRES.

Charles-Quint, à la suite de son expédition d'Afrique,
fit offrir une chaîne d'or à l'Arétin dont il craignait
l'esprit satirique. L'Arétin, en la pesant dans sa
main, dit au gentilhomme qui la lui remettait :
« Elle est bien légère, cette chaîne, pour une
« aussi lourde folie. »

Bois. — Haut., 44 c. 1/2. Larg., 33 c. 1/2.

N° 46.

INGRES.

L'Arétin ayant critiqué les œuvres du Tintoret, celui-ci
le fit venir dans son atelier sous prétexte de faire
son portrait. Tintoret lui met un pistolet sur la
poitrine et dit à l'Arétin effrayé : « Tu n'as pas
« deux fois et demie la hauteur de mon pistolet. »

Bois — Haut., 44 c. Larg., 33 c. 1/2.

N° 47.

MILLET.

Retour des champs.

Toile. — Haut., 54 c 1/2. Larg., 45 c. 1/2.

N° 48.

MILLET.

Femme entourée d'Amours.

Toile. — Haut. 46 c. Larg. 38 c.

N° 49.

MICHEL.

Paysage.

Haut. 35 c. Larg. 31 c. 1/2.

N° 50.

PALIZZI.

Moutons dans un pâturage.

Toile. — Haut. 48 c. Larg. 65 c.

N° 51.

—

ROQUEPLAN (Camille).

Les Femmes à la fontaine.

Toile. — Haut. cintrée, 47 c. Larg., 28 c.

N° 52.

—

ROQUEPLAN (Camille).

Le Lion amoureux. (Esquisse.)

Toile. — Haut., 25 c. Larg., 19 c.

N° 53.

—

ROQUEPLAN (Camille).

Paysage avec figures.

Toile. — Haut. 43 c. 1/2. Larg., 63 c. 1/2.

N° 54.

—

REYNOLDS (Samuel-William).

Paysage.

Papier. — Haut., 32 c. Larg., 47 c.

N° 55.

—

ROUSSEAU (Théodore).

Paysage soleil couchant.

Toile. — Haut., 41 c. Larg., 58 c.

N° 56.

—

ROUSSEAU (Théodore).

Paysage; après la pluie.

Toile. — Haut., 42 c. Larg., 63 c

N° 57.

ROUSSEAU (Théodore).

Paysage, effet de soleil couchant.

Haut , 22 c. Larg., 33 c. 1/2.

N° 58.

ROUSSEAU (Théodore).

Paysage, effet du matin.

Haut , 92 c. 1/2 Larg., 134 c.

N° 59.

ROUSSEAU (Théodore).

Le Crépuscule.

Bois. — Haut , 26 c. Larg., 21 c. 1/2.

N° 60.

ROUSSEAU (Théodore).

Paysage ; effet d'orage.

Toile. — Haut., 30 c. Larg , 51 c

N° 61.

ROUSSEAU (Philippe).

Nature morte.

Bois. — Haut., 32 c. Larg., 50 c. 1/2.

N° 62.

O. TASSAERT.

Jeune Fille évanouie sur le seuil d'une porte.

Toile. — Haut., 85 c. 1/2. Larg., 45 c.

N° 63.

O. TASSAERT.

Le retour du Bal.

Toile. — Haut., 40 c. 1/2 Larg., 32 c. 1/2.

N° 64.

O. TASSAERT.

Les Orphelins.

Toile. — Haut., 49 c. Larg., 35 c.

N° 65.

O. TASSAERT.

Enfants effrayés.

Toile. — Haut., 32 c. 1/2 Larg., 24 c.

Nº 66.

O. TASSAERT.

100. Mort du duc d'Alençon.

Toile. — Haut., 66 c. 1/2. Larg., 125 c.

Nº 67.

O. TASSAERT.

180 La Leçon fraternelle.

Toile. — Haut., 32 c. 1/2. Larg., 24 c. 1/2.

Nº 68.

O. TASSAERT.

260 Sarah la baigneuse. (Victor Hugo.)

Toile. — Haut., 55 c. 1/2. Larg., 45 c. 1/2.

N° 69.

O. TASSAERT.

Le Rupin.

Toile — Haut. 46 c. Larg., 37 c. 1/2.

N° 70.

O. TASSAERT.

La jeune Malade.

Toile. — Haut., 40 c. 1/2 Larg., 32 c.

N° 71.

O. TASSAERT.

Les petits Pauvres.

Toile. — Haut., 32 c. 1/2 Larg., 24

Nº 72.

—

TROYON.

1100 **Paysage ; les oies.**

Bois. — Haut., 39 c. Larg., 49 c. 1/2.

Nº 73.

—

TROYON.

500 **Moutons au repos.**

Bois. — Haut., 35 c. Larg., 53 c.

Nº 74.

—

TROUVÉ (EUGÈNE).

40. **Paysage ; les Chasseurs.**

Toile. — Haut., 44 c. Larg., 75 c.

TABLEAUX ANCIENS.

N° 75.

CHARDIN.

Les Joueurs de cartes.

Bois. — Haut., 28 c. 1/2. Larg., 33 c.

N° 76.

CHARDIN.

Portrait de jeune fille.

Toile ovale. — Haut., 40 c. Larg., 32 c.

N° 77.

GRIEFF.

Chiens et Gibiers.

Toile. — Haut., 69 c. Larg., 84 c.

Nº 78.

—

HUYSMANS (DE MALINES).

Paysage.

Toile. — Haut., 60 c. Larg., 70 c.

Nº 79.

—

HUYSMANS (DE MALINES).

Paysage.

Toile. — Haut., 24 c. Larg., 41 c.

Nº 80.

—

HUYSMANS (DE MALINES).

Paysage.

Toile. — Haut., 34 c. Larg., 41 c.

N° 81.

HUYSMANS (DE MALINES).

210 Paysage.

Toile. — Haut., 54 c. Larg., 41 c.

N° 82.

LÉPICIÉ.

159 Repas dans le parc de Versailles.

Toile. — Haut., 50 c. Larg., 85 c.

N° 83.

LÉPICIÉ.

Couturières travaillant.

Toile. — Haut., 24 c. Larg., 19 c.

N° 84.

LÉPICIÉ.

1   **Jeune fille travaillant.**

Toile — Haut., 25 c. Larg., 20 c.

N° 85.

PATER.

40f   **Fête champêtre.**

. Toile. — Haut., 45 c. Larg., 55 c.

N° 86.

PATER.

49f   **Femmes sortant du bain.**

Toile. — Haut., 24 c. Larg., 32 c.

N° 87.

RUYSDAEL (Jacques).

2470 Paysage.

Toile. — Haut., 47 c. Larg., 57 c.

N° 88.

VAN GOYEN.

100 Paysage et figures.

N° 89.

VANDER NEER.

1950 Paysage; effet de lune.

Toile. — Haut., 38 c. Larg., 49 c.

Nº 90.

WATTEAU (Antoine).

2900 Personnages dans un parc.

4375 Imp. Maulde et Renou, r. Fossés-S.-G. l'Auxerrois, 14.

www.ingramcontent.com/pod-product-compliance
Ingram Content Group UK Ltd.
Pitfield, Milton Keynes, MK11 3LW, UK
UKHW021623130726
13696UKWH00005B/2036